Thomas R. Hoffmann

DAS fünf x5

DER **ARCHITEKTUR**

Kunst-Epochen
einfach verstehen

belser

INHALT

VORWORT — S. 5

EPOCHEN:
Mittelalter — S. 6

Renaissance — S. 18

Barock — S. 30

19. Jahrhundert — S. 42

Klassische Moderne — S. 54

ANHANG:
Glossar — S. 66

Verzeichnis der Stile — S. 69

Verzeichnis der Bauwerke — S. 71

Bildnachweis/Impressum — S. 72

VORWORT

DIE IDEE ZU DIESEM BUCH

Das Wissen über Architektur auf das Wesentliche zu konzentrieren und diese Kenntnisse anhand von Objektbeispielen zu veranschaulichen – das ist die Idee dieses Buches. Dabei ist die Zahl 5 das Rezept. Sie gibt Orientierung in der Fülle an Gebäuden, Stilen und Baumeistern: **5** Epochen, **5** Bauwerke mit unterschiedlichen Ansprüchen und Funktionen und **5** Fragen zu jedem Bau.
Damit soll das Wichtigste der Architekturgeschichte auf den Punkt gebracht werden. Man erfährt, welche Arten von Bauwerken und Bauformen in **Mittelalter**, **Renaissance**, **Barock**, **19. Jahrhundert** und **klassischer Moderne** populär waren, wie die Bauten genutzt wurden, welchem Stil die Gebäude zugeordnet werden können und was Ornamente und Details bedeuten.

Mit geschärfter Wahrnehmung erkennen Sie nun die relevanten Merkmale von Baustilen und verstehen, was Architektur in ihrer unterschiedlichen Funktion zu erzählen vermag. So werden Sie beim nächsten Stadt- wie Landbesuch die Architektur gut in die jeweiligen Epochen einordnen können. Viel Freude dabei!

Thomas Hoffmann

DAS MITTELALTER
IN FÜNF BAUWERKEN

TRUTZIG WEHRHAFT ODER HIMMELWÄRTS STREBEND

Prachtvolle Kirchen und erhabene Burgen, tapfere Ritter und liebliche Burgfräulein prägen unser Bild vom Mittelalter. Aber auch der Machtkampf zwischen kirchlicher und weltlicher Gewalt, Kreuzzüge sowie Pest und Cholera fallen in den Zeitabschnitt von 500 bis 1500 n. Chr., ebenso wie politische und gesellschaftliche Umbrüche. Die Städte wuchsen und neue wurden gegründet. Sie etablierten sich als Wirtschaftszentren und führten zum Aufstieg von Handel und Handwerk. In der Architektur sind die Epochen der Romanik (950–1200 n. Chr.) und der Gotik (1150–1500 n. Chr.) von Bedeutung. Die Baumeister verstanden sich als Handwerker, ihre Bauherren waren neben Klerus und Adel das wohlhabende Bürgertum.

FÜNF FRAGEN ZUR ARCHITEKTUR IM MITTELALTER

- **Was sehe ich?** Die Bauwerke sind meist religiöser oder wehrhafter Natur. Sie heben sich durch Größe und Material von den einfachen Wohnhäusern ab.

- **Warum wurde der Bau errichtet?** Kirchen und Klöster dienten der Anbetung Gottes, waren aber auch eine Demonstration von Macht. Burgen und Stadttore schützten vor Feinden. Die Stadthäuser mussten Großfamilien Wohnraum bieten.

- **Wie nutzten die Menschen das Bauwerk?** In Klöstern und Burgen lebten die Menschen in großen, sich selbst versorgenden Gemeinschaften. Kirchen waren das Zentrum der Städte, auf den Kirchplätzen fanden Markt und Handel statt. In den Wohnhäusern lebten oft Mensch und Tier unter einem Dach.

- **Welchen Stil zeigt die Architektur?** In der Romanik wirken die Bauten eher gedrungen und schwer, in der Gotik filigran und hochstrebend. Baumaterialien wie Sandstein, Backstein und Holz führten zur eigenen Stilausprägungen.

- **Welche Details prägen den Stil?** Türme spielen eine bedeutende Rolle: Sie sind weithin sichtbar und prägen wie auch Türen, Fenster und Wände in ihrer Form den jeweiligen Stil: So ist z. B. in der Romanik der Fensterbogen rund, in der Gotik dagegen im Scheitel spitz zulaufend.

BAUWERK 1: DAS KLOSTER MARIA LAACH

1093–1216, vier Kilometer nördlich von Mendig in der Eifel gelegen

Der Architekt: (unbekannt) Die Abtei Maria Laach ist eine hochmittelalterliche Klosteranlage. Verwaltet durch Mönche des Benediktinerordens liegt sie an der Südwestseite des Laacher Sees. Das Kloster zählt zu den schönsten Denkmälern der deutschen romanischen Baukunst aus der Salierzeit. Vor allem die Kirche blieb von späteren Umbauten fast völlig verschont.

WAS SEHE ICH?
Zwei Querhäuser mit jeweils drei Türmen stehen sich gegenüber. Der trutzige Baukörper aus Tuff und Sandstein wirkt wie aus großen blockhaften Einzelformen zusammengefügt. Auffallend sind die Türme, die die Abtei wie eine Kirchenburg wirken lassen und so eine Festung Gottes veranschaulichen.

WARUM WURDE DER BAU ERRICHTET?
Pfalzgraf Heinrich II. von Laach (um 1050–1095) gründete das Kloster. Anstoß war die Kinderlosigkeit seiner Ehe, was im Mittelalter als eine Strafe Gottes galt. Die Erbauung diente dem Seelenheil des Ehepaares nach dessen Tod und fungierte zugleich als Grablege zum Gedenken beider.

WIE NUTZTEN DIE MENSCHEN DAS BAUWERK?
Das mittelalterliche Kloster war eine sich selbst versorgende Ordensgemeinschaft und diente als Lebens- und Glaubensort. Die Mönche in Maria Laach lebten nach den Ordensregeln von Benedikt von Nursia. Das zentrale Lebensmotto der Benediktiner lautet „Ora et labora" (bete und arbeite).

WELCHEN STIL ZEIGT DIE ARCHITEKTUR?
Die Abtei mit ihren massiven Mauern und gedrungenen Türmen gehört zur Epoche der Romanik. Zahlreiche Formelemente wie Rundbogen, Säulen und Arkaden wurden von antiken römischen Bauwerken übernommen. Romanisch bedeutet also „nach der Art der Römer".

WELCHE DETAILS PRÄGEN DEN STIL?
Der Rundbogen, den man an Fenstern und Türen erkennen kann, ist typisch romanisch. Er wird auch als Blendbogen zur Gliederung der Wände und Türme eingesetzt. Die Säulen, die die Fenster voneinander trennen, enden in der Regel im Würfelkapitell.

BAUWERK 2: DAS FREIBURGER MÜNSTER
Stadtpfarrkirche Unserer Lieben Frau 1200–1513, Freiburg im Breisgau

Der Architekt: (unbekannt) Das Freiburger Münster gilt als eine der schönsten gotischen Kirchen. Eine Besonderheit stellen die Besitzverhältnisse dar, denn das Münster gehörte nicht der Kirche. Nachdem die Grafen von Freiburg aus Geldmangel nicht mehr weiterbauen konnten, übernahmen die Bürger die Verantwortung für den Bau.

WAS SEHE ICH?

Das aus rotem Sandstein erbaute Münster wirkt trotz seiner machtvollen Erhabenheit leicht und filigran. Dies liegt vor allem an dem markanten, 116 Meter hohen Westturm, der im oberen Teil sowohl an den Fenstern wie auch am Turmhelm von Maßwerk durchbrochen wird.

WARUM WURDE DER BAU ERRICHTET?

Kirchen der Gotik waren stolze Wahrzeichen des christlichen Glaubens und bildeten den Mittelpunkt der neu entstehenden Städte. Weit über die Stadtmauern hinaus sichtbar sollte das Freiburger Münster die politische Stärke und den Einfluss der Stadt ausdrücken.

WIE NUTZTEN DIE MENSCHEN DAS BAUWERK?

Christen diente das Münster als Ort der religiösen Erbauung. Aber in der Vorhalle tagte auch das Gericht und um das Münster herum fand Markt und Handel statt. Im Innern befand sich der Gläubige nach mittelalterlicher Vorstellung im himmlischen Jerusalem, was durch das einfallende Licht der bunten Glasfenster betont wurde.

WELCHEN STIL ZEIGT DIE ARCHITEKTUR?

Der Bau gehört zur Epoche der Gotik, worauf die spitz zulaufenden und zum Himmel führenden Bauelemente hinweisen. Charakteristisch ist das Strebewerk am Außenbau. Die steinernen Gewölbe im Innern geben die enormen Schubkräfte über die Mauern an die Strebepfeiler entlang der Seitenschiffe ab.

WELCHE DETAILS PRÄGEN DEN STIL?

Stilprägend sind feinste Verzierungen an nahezu allen Baukörpern durch das Maßwerk. Grundformen sind der Pass, das Blatt und die Fischblase. Anfänglich zur Aufteilung der Bogenspitzen großer Fenster entwickelt, diente das Maßwerk auch der Gliederung von Wandflächen, Giebeln und Balustraden.

BAUWERK 3: DIE BURG ELTZ
Erbaut ab 1150, Seitental der Mosel

Der Architekt: (unbekannt) Vom Elzbach umflossen liegt die 850 Jahre alte Burg Eltz verborgen in einem Seitental der Mosel. Ihre Grundsteinlegung verdankt sie dem Ritter Rudolf von Eltz. Über die Jahrhunderte blieb sie stets im Besitz einer einzigen Familie und überstand alle Kriege unbeschadet – eine Seltenheit für eine wehrhafte mittelalterliche Wohnanlage.

WAS SEHE ICH?
Auf einem hohen Felsen erhebt sich eine prächtige, gotische Burganlage. Mit ihren acht hohen Wohntürmen, ihren zahlreichen Erkern, Spitzdächern und dem Fachwerk ist diese mit massiven Mauern befestigte und gesicherte Festung beispielhaft für die Zeit des späten 11. bis 13. Jahrhunderts.

WARUM WURDE DER BAU ERRICHTET?
Burgen des Mittelalters dienten der Selbstdarstellung und Legitimierung des Bauherrn. Man erbaute sie überwiegend in strategisch günstigen Lagen. So sicherte die Burg Eltz einen wichtigen Handelsweg zwischen Mosel und Eifel.

WIE NUTZTEN DIE MENSCHEN DAS BAUWERK?
Die Burg Eltz ist eine Wohnbefestigungsanlage, in der mehrere Linien des Hauses Eltz in Gemeinschaft zusammenlebten. Deshalb stehen auch einige Wohntürme innerhalb der gemeinsamen Ringmauer eng beieinander. Bei drohendem Angriff zog man sich in die am höchsten gelegenen Räumlichkeiten zurück.

WELCHEN STIL ZEIGT DIE ARCHITEKTUR?
Burgen des Mittelalters waren vorrangig Höhenburgen und bildeten mit der Umgebung eine harmonische Einheit. Bei der Form der Festung richteten sich die Erbauer nach den natürlichen Gegebenheiten. Die Burg Eltz wurde auf einem Felskopf errichtet, dessen elliptische Form das Fundament der gesamten Veste bildet.

WELCHE DETAILS PRÄGEN DEN STIL?
Typisch für das Mittelalter sind hier die kleinen Fenster im unteren Teil der Anlage. Der Verteidigungswert stand über der Wohnlichkeit. In den höheren Abschnitten nimmt die Größe der Fenster zu und wird zum Teil durch ornamentales Dekor am Rahmen bereichert.

BAUWERK 4: DAS SPITZHÄUSCHEN
1416, Bernkastel-Kues, Mittelmosel

Der Architekt: (unbekannt) Eines von der Form her außergewöhnlichsten und wohl ältesten Wohnhäuser in der mittelalterlichen Fachwerkarchitektur liegt unmittelbar am Marktplatz der Stadt Bernkastel-Kues. Heute ist das „Spitzhäuschen" eine Weinstube und gehört zu einem Weingut. Die Stadt im Herzen der Mittelmosel bietet ein reiches Ensemble an gleichartigen Häusern.

WAS SEHE ICH?
Auf engstem Raum wächst ein zwölf Meter langes und nur zwei Meter breites Fachwerkhaus in die Höhe. Der spitzen Gesamtform verdankt das schmale Haus seinen Namen. Es steht exemplarisch für kleinstädtisch-bürgerliches Wohnen einer Großfamilie im späten Mittelalter.

WARUM WURDE DER BAU ERRICHTET?
Anlass für die ungewöhnliche Bauform war angeblich die Grundsteuer. Diese war damals nur für die bebaute Grundfläche zu entrichten. Auch die enge Gasse könnte die Hausform beeinflusst haben. Vielleicht ist das Erdgeschoss schmaler, damit ein Ochsengespann durch die Gasse passt.

WIE NUTZTEN DIE MENSCHEN DAS BAUWERK?
Dieses moselländische Winzerhaus birgt einen mit Schiefersteinen ausgebauten Weinkeller mit Eichenbalken. Die an beiden Seiten vorragenden Obergeschosse dienten den oft kinderreichen Familien als Wohnräume. Der hohe Dachspeicher bot Platz für das Winterfutter und die Haustiere.

WELCHEN STIL ZEIGT DIE ARCHITEKTUR?
Das Wohnhaus zeigt klassisches mittelalterliches Bauen wohlhabender Stadtbürger: das Fachwerkhaus. Auf einem steinernen Fundament wurden die tragenden Rahmenwerkteile der Wände aus Holzbalken gebildet. Die Flächen dazwischen füllte man mit Flechtwerk unter Lehm oder mit Backsteinen.

WELCHE DETAILS PRÄGEN DEN STIL?
Typisch für ein mittelalterliches Fachwerkhaus: Das hölzerne Gerüst aus Schwellen, Ständern, Rahmen, Riegeln, Streben und Knaggen ist frei sichtbar. Diese komplexe Skelettbauweise mit ihren farbigen Holzbalken war gleichzeitig auch Dekor des Baus.

BAUWERK 5: DAS KRANTOR
1442–1444, Danzig

Der Architekt: (unbekannt) Das Krantor zählt zu den bekanntesten Wahrzeichen Danzigs. Es entstand, als Danzig eine der wichtigsten Handelsstädte im Mittelalter war. Die Stadt gehörte der Deutschen Hanse an, einer seit Mitte des 12. Jahrhunderts bestehenden Vereinigung deutscher Kaufleute. Ziel der Hanse war die Sicherheit der See- und Wasserschifffahrt und die Vertretung gemeinsamer wirtschaftlicher Interessen.

WAS SEHE ICH?
Der 31 Meter hohe Mittelbau aus Holz überragt die Backstein-Flankentürme deutlich. Das Tor wirkt abwehrend und schützend und diente vom Wasserweg her als Stadttor der reichen Hansestadt. Es gehört zu den ältesten Hebeeinrichtungen im (ehemals) deutschsprachigen Raum.

WARUM WURDE DER BAU ERRICHTET?
In der Gotik wuchsen die Städte und der Handel pulsierte. Hansestädte erstarkten und Neubauten wie das Krantor entstanden, um den zunehmenden Warenverkehr zu bewältigen. Auf dem Dach wies eine Wetterfahne den Seeleuten die Windrichtung für eine sichere Einfahrt in den Hafen.

WIE NUTZTEN DIE MENSCHEN DAS BAUWERK?
1442 zerstörte ein Brand den Vorgängerbau aus Holz. Mit dem Wiederaufbau wurde eine Hebevorrichtung für die auf Schiffen angelieferten Waren errichtet. Die Verladevorrichtung bestand aus zwei Tretradpaaren, die von den Hafenarbeitern bewegt wurden.

WELCHEN STIL ZEIGT DIE ARCHITEKTUR?
Der unmittelbar am Hafen heute freistehende Bau war damals ein integraler Bestandteil der Stadtmauerbefestigung Danzigs. Man errichtete ein Doppelhalbrundturmtor im Stil der Backsteingotik mit steilen, ziegelgedeckten Dächern.

WELCHE DETAILS PRÄGEN DEN STIL?
Das Krantor diente zugleich als Stadttor, somit stand die Wehrhaftigkeit im Zentrum. Kennzeichnend ist das Fehlen von Fenstern in der unteren Zone. Hier finden sich nur Schießscharten zur Verteidigung. Die Fenster und Blindfenster auf der Stadtseite des Krantores sind mit gotischen Spitzbögen gestaltet.

DIE
RENAISSANCE
IN FÜNF BAUWERKEN

ERNEUERUNG NACH ANTIKEM VORBILD

Das französische Wort Renaissance bedeutet Wiedergeburt und benennt jene Epoche, die an die Gotik anschließt und die Neuzeit einläutet. Als Geburtsstätte der Renaissance (1420–1600) gilt Florenz, wo um 1420 in den bildenden Künsten die Antike wiederentdeckt wurde. Lebensanschauungen und Geistesauffassungen der Menschen befreiten sich zunehmend von den Zwängen der Kirchenlehre mit spürbaren Auswirkungen auf die politischen, wirtschaftlichen und sozialen Verhältnisse. Die Architektur wurde zum Spiegel von Reichtum und individueller Macht und der Baumeister des Mittelalters wurde nun zum entwerfenden Architekten. Man griff auf Vitruvs antike Architekturgeschichte zurück und folgte seinem Gedanken, dass alle Teile eines Baus genauso wie die Teile des menschlichen Körpers in einem bestimmten harmonischen Verhältnis zueinander stehen sollten.

FÜNF FRAGEN ZUR ARCHITEKTUR DER RENAISSANCE

- **Was sehe ich?** Neben Sakral- und Adelsbauten errichtete das wohlhabende Bürgertum in der Renaissance zunehmend prächtige Stadt- und Landvillen.

- **Warum wurde der Bau errichtet?** Die Baukunst der Renaissance sollte den geistlichen und weltlichen Bauherren, aber auch dem Architekten zu Ruhm und Ansehen verhelfen.

- **Wie nutzten die Menschen das Bauwerk?** Mit der Renaissance zog der Luxus in die Stadt- und Landvillen ein. Bequemlichkeit sowie Praktikabilität wurden zu Leitgedanken der Architektur.

- **Welchen Stil zeigt die Architektur?** Renaissancearchitektur strebt nach vollkommener Harmonie sowie einer symmetrischen Gliederung nach antikem Vorbild. Die Bauten unterscheiden sich je nach Region und Bauzeit.

- **Welche Details prägen den Stil?** Aus der Antike entlehnte Elemente wie Säulen, Rundbögen und Gesimse formen den Stil. Neben Dreiecks- und Segmentgiebel werden auch Merkmale anderer Epochen aufgenommen.

BAUWERK 1: DER PALAZZO MEDICI-RICCARDI
1444–1459, Florenz

Der Architekt: **Michelozzo di Bartolomeo** (1396–1472) wurde in Florenz geboren. Um 1420 trat er als Schüler in die Werkstatt von Lorenzo Ghiberti ein und arbeitete später mit dem Bildhauer Donatello zusammen. Mit etwa 40 Jahren wechselte er von der Bildhauerei zur Architektur und schuf mit dem Palazzo Medici den ersten Profanbau der Florentiner Frührenaissance.

WAS SEHE ICH?
Ein breiter, dreigeschossiger Baukörper besticht durch seine klar gegliederte Monumentalität und erinnert im weitesten Sinne noch an eine Burg. Die zahlenmäßig wenigen und zudem kleinen Erdgeschossfenster sind vergittert, was die Wehrhaftigkeit der Architektur betont.

WARUM WURDE DER BAU ERRICHTET?
Der Palazzo diente sowohl als Wohn- wie auch als Geschäftssitz der Medici-Bank. Bauherr war Cosimo de Medici, der damals mächtigste der rund 80 Bankiers von Florenz. Mit dem Bau begann ein architektonischer Wettstreit um das gesellschaftliche Ansehen unter den führenden Familien.

WIE NUTZTEN DIE MENSCHEN DAS BAUWERK?
Im Erdgeschoss waren aus praktischen Gründen die Stallungen, Küchen und die Kammern der Angestellten untergebracht. Das 1. Obergeschoss diente als Repräsentations- und Wohnstockwerk. Im 2. Obergeschoss befanden sich die Schlafräume der Familienmitglieder und die Lagerräume.

WELCHEN STIL ZEIGT DIE ARCHITEKTUR?
Ein italienischer Renaissancepalazzo ist meist dreigeschossig und quaderförmig angelegt. Nach oben hin verringert sich die Geschosshöhe. Die Gesimse in Fensterbankhöhe geben den Bauwerken ihre klare horizontale Struktur.

WELCHE DETAILS PRÄGEN DEN STIL?
Durch unregelmäßig behauene, hervortretende Steinquader weist sich das Erdgeschoss aus. Die zwei Obergeschosse zeigen eine glattere Wandgestaltung mit symmetrisch angelegten, rundbogigen Doppelfenstern. Ein ausladendes Kranzgesims nach antikem Vorbild gibt dem Bau einen haubenartigen Dachabschluss.

BAUWERK 2: DIE KIRCHE SANT' ANDREA
1472–1494, Mantua

Der Architekt: **Leon Battista Alberti** (1404–1472) erblickte als unehelicher Sohn eines reichen florentinischen Kaufmanns und Bankiers das Licht der Welt in Genua. Zunächst Beamter der päpstlichen Kanzlei in Rom, arbeitete er später als Architekt, Maler und Literat und verfasste die ersten großen Traktate der Neuzeit über Malerei, Architektur und Skulptur.

WAS SEHE ICH?
Die beeindruckende Eingangsfassade wirkt wie eine antike Tempelfront; die große zentrale Wandöffnung ähnelt einem römischen Triumphbogen und zeigt ein Tonnengewölbe mit Kassettendecke, die sich im Innern des Baus fortsetzt.

WARUM WURDE DER BAU ERRICHTET?
1470 erteilte der Markgraf von Mantua, Ludovico III. Gonzaga (1412–1478), den Auftrag für eine Kirche. Beweggrund war die Aufbewahrung einer Heilig-Blut-Reliquie.

WIE NUTZTEN DIE MENSCHEN DAS BAUWERK?
Im Grundriss folgte Alberti mit Lang- und Querhaus dem lateinischen Kreuz. Er ersetzte jedoch im Innern der Kirche die im Mittelalter üblichen Seitenschiffe des Langhauses durch Kapellen, die zur privaten täglichen Andacht genutzt wurden.

WELCHEN STIL ZEIGT DIE ARCHITEKTUR?
Die Kirche gehört zur italienischen Frührenaissance. Typisch sind die in den Mauerverbund eingearbeiteten Wandpfeiler, die die Fassade zusammenfassen und harmonisch gliedern. Diese erstrecken sich rechts und links der monumentalen Bogenöffnung über drei etwa gleich hohe Wandabschnitte.

WELCHE DETAILS PRÄGEN DEN STIL?
In der Renaissance gliedert sich die Fassade meist von unten nach oben in einen Bereich mit Portalen, einen geschlossenen Abschnitt mit Rundbogennischen und einen mit Rundbogenfenstern. Die Wandpfeiler tragen das Horizontalgebälk, über dem sich ein Dreiecksgiebel nach antikem Vorbild erhebt.

BAUWERK 3: DAS SCHLOSS CHAMBORD
1519 – um 1540, Loire, etwa 15 Kilometer östlich von Blois

Der Architekt: Als maßgeblicher Ideengeber des Schlosses Chambord gilt **Leonardo da Vinci** (1452–1519), den König Franz I. im Jahre 1517 als Hofkünstler verpflichtete. Im Jahr der Grundsteinlegung verstarb Leonardo im 50 km entfernten Schloss Clos Lucé in Amboise. Die Baupläne des größten und wichtigsten Schlosses des Loiretals soll **Domenico da Cortona** (um 1465 – um 1549) erstellt haben.

WAS SEHE ICH?
Auf einer rechteckigen Fläche erhebt sich das Schloss mit mächtigen Ecktürmen. Das Areal wird von Wassergräben umschlossen, die mittelalterlichen Vorbildern folgen. Wie zumeist in der Renaissance war die scheinbare Wehrhaftigkeit ohne jede verteidigungstechnische Bedeutung.

WARUM WURDE DER BAU ERRICHTET?
Der französische König Franz I. (1494–1547) errichtete den Bau als steinernes Sinnbild der Stärke und zur Demonstration der Leistungsfähigkeit und Vormacht Frankreichs. Denn der Bauherr trug sich mit der Hoffnung, die Krone und die Herrschaft über das Heilige Römische Reich zu erlangen.

WIE NUTZTEN DIE MENSCHEN DAS BAUWERK?
Schloss Chambord diente weder Franz I. noch einem anderen französischen Herrscher als dauerhafte Residenz. Doch während der großen königlichen Jagden konnte das Gebäude mit seinen 440 Räumen, 365 Feuerstellen und 84 Treppen mehrere tausend Personen beherbergen.

WELCHEN STIL ZEIGT DIE ARCHITEKTUR?
Formelemente der italienischen Renaissance (Rundbögen) mit gotischen Reminiszenzen (steile Dächer/rechteckige Kreuzstockfenster) mischen sich zu einem französisch-manieristischen Stil, der geprägt ist durch Dacherker und außerordentlichen Schmuckreichtum.

WELCHE DETAILS PRÄGEN DEN STIL?
Das auffälligste Merkmal des Schlosses ist die ungewöhnlich reiche Dachlandschaft. Fantasievoll dekorierte, asymmetrisch angeordnete Kamine, die eine begehbare Miniaturstadt bilden, sind eindeutig manieristisch und erzeugen die für ein Spätrenaissancebauwerk gewünschte Bewegung.

BAUWERK 4: DAS RATHAUS IN WITTENBERG
1521–1541, Wittenberg

Der Architekt: Mit dem Ausbau der Residenzstadt Wittenberg durch den **Kurfürsten Friedrich III.** (1463–1525), der Gründung der Universität im Jahre 1502 und der Reformation durch Martin Luther blühte die Stadt auf und die Einwohnerzahl stieg rasant an. All dies verlangte nach einem neuen Rathaus, das unter der Leitung von **Bastian Krüger** (Daten unbekannt) gebaut wurde.

RENAISSANCE 27

WAS SEHE ICH?
Das große Rathaus steht frei auf einem Platz. Auffallend ist die durch Fenster und Giebel symmetrische Gestaltung. Der Bau ist nur mit einem kleinen Türmchen versehen, während das Eingangsportal mit Säulen und Figurenschmuck sehr eindrucksvoll wirkt.

WARUM WURDE DER BAU ERRICHTET?
Das Rathaus sollte als Repräsentationsbau in Ausmaß und Gestaltung den Reichtum und Bürgerstolz der Stadtbewohner widerspiegeln. Dabei steigerte man die örtlichen Stilformen des Bürgerbaus (Fensterform) und übernahm die Ausschmückungen (Turm/Portal) des Kirchenbaus.

WIE NUTZTEN DIE MENSCHEN DAS BAUWERK?
Das Rathaus diente sowohl kommunalen als auch kommerziellen Zwecken. Neben Ratskeller, Ratsarchiv und Ratssitzungsstube befanden sich im Gebäude Gefängnisse mit Folterkammern sowie Steuerstube und Stadtschreiberei. Zudem boten Tuchmacher, Schuster und Kürschner ihre Waren an.

WELCHEN STIL ZEIGT DIE ARCHITEKTUR?
Das Gebäude gehört zum Stil der Sächsischen Renaissance. Typisch dafür sind hell verputzte Wandflächen, häufig ohne Natursteindekor.

WELCHE DETAILS PRÄGEN DEN STIL?
Zwerchgiebel, Gesimsleisten und Voluten auf dem Dach weisen das Rathaus als Renaissancebau aus, während die Vorhangbogenfenster der ersten beiden Obergeschosse noch spätgotisch geprägt sind. Das üppig dekorierte Eingangsportal im manieristischen Stil und der Glockenturm mit Sünderglocke kamen erst 1573 hinzu.

BAUWERK 5: DIE VILLA LA ROTONDA
ab 1566, Vicenza

Der Architekt: Als bedeutender Architekt der Spätrenaissance und als deren letzter großer Theoretiker gilt **Andrea Palladio** (1508–1580). Johann Wolfgang von Goethe bezeichnete ihn einst als den „Polarstern unter den Architekten". Palladios Bauten lassen den Geist der Antike spüren, wobei Auf- und Grundriss gemäß den Idealen der Renaissance auf Symmetrie und Geometrie basieren.

RENAISSANCE

WAS SEHE ICH?
Alle vier Seiten der vollkommen symmetrisch aufgebauten Landvilla weisen Säuleneingänge auf, die man über breite Freitreppen erreicht. An den Treppenwangen und an den Ecken der bekrönenden Dreiecksgiebel stehen Skulpturen, die nach antikem Idealmaß gestaltet wurden.

WARUM WURDE DER BAU ERRICHTET?
Als sich die Aristokraten und reichen Bürger auch auf dem Land sicher fühlen konnten, wurden zahlreiche unbefestigte Villen gebaut. Die aus dem Lateinischen stammende Bezeichnung Villa meint ein Landhaus, das schon zu Zeiten der Römer äußerst beliebt war.

WIE NUTZTEN DIE MENSCHEN DAS BAUWERK?
Das Landhaus diente dem hochgebildeten Kleriker Paolo Almerigo als Ruhesitz und wurde nur zur gesellschaftlichen Repräsentation und zu humanistischen Symposien genutzt. So konnte Palladio die Villa Rotonda ohne Rücksicht auf die praktische, alltägliche Nutzung als Zentralbau entwerfen.

WELCHEN STIL ZEIGT DIE ARCHITEKTUR?
Das architektonische Ideal der italienischen Hochrenaissance war der Zentralbau. Daher legte der Architekt die Räume regelmäßig um einen Rundsaal an, der seine Bekrönung durch eine Kuppel erfuhr. So verlieh man dem Gebäude die für einen Humanisten-Tempel nötige Erhabenheit.

WELCHE DETAILS PRÄGEN DEN STIL?
Die nach dem Vorbild der antiken Tempelpforten gestalteten Eingänge weisen sechs Säulen auf, die einen Dreiecksgiebel tragen. Palladio wählte die ionische Säulenordnung, die seiner Meinung nach die Waage zwischen der Einfachheit der dorischen und dem Luxus der korinthischen Säule halten soll.

DER
BAROCK
IN FÜNF BAUWERKEN

VON ÜBERSCHWÄNGLICHER PRACHT UND THEATRALISCHEM POMP

Der Barock umfasst das 17. und 18. Jahrhundert. In dieser Zeit, in der auch verheerende kriegerische Auseinandersetzungen wie der Dreißigjährige Krieg (1618–1648) stattfanden, entfalteten sich die Künste zu einer nie geahnten Pracht. Die katholische Kirche feierte ihre wiedererstarkte Macht. Der absolutistisch regierende französische König Ludwig XIV. zelebrierte seinen Sonnenstaat. In diesem von Pathos und Repräsentation geprägten Umfeld entstanden Bauwerke, deren Fassadengestaltung sich durch Spannung und Bewegung auszeichnet. Von Rom aus fand der barocke Stil in ganz Europa seine Verbreitung.

FÜNF FRAGEN ZUR ARCHITEKTUR DES BAROCK

- **Was sehe ich?** Den Architekten barocker Bauten ging es in erster Linie um die theatralische Wirkung. Die Gebäude sollten mit Pracht und Pathos den Betrachter in ihren Bann ziehen.

- **Warum wurde der Bau errichtet?** Das Ziel war die Demonstration von Größe, Macht und Einfluss. Alle Bauteile dienten dazu, die barocke Idee der Bewegung und Raumdynamik zu verkörpern.

- **Wie nutzten die Menschen das Bauwerk?** Für die Menschen im Barock war die Architektur oftmals wie eine Bühne. Durch dekorative Kleidung und exzentrisches Auftreten nutzten sie die Bauten für ihre kapriziösen Inszenierungen.

- **Welchen Stil zeigt die Architektur?** Der Barock war keine homogene europäische Erscheinung, sondern äußerte sich in mannigfachen Formen, je nach Auftraggeber und Region. Auffallendes Merkmal eines barocken Bauwerks ist die dynamische Gesamtwirkung.

- **Welche Details prägen den Stil?** Reicher, bauplastischer Schmuck wie Nischen, schwungvolle Bögen sowie Skulpturen, geschossübergreifende Säulen und Pfeiler sind typisch für den Barock. Vor- und zurückspringende Wände gliedern den Baukörper und setzen ihn optisch in Schwingung.

BAUWERK 1: DER PETERSPLATZ
1656–1667, Rom, Vatikan

Der Architekt: Der in der Werkstatt seines Vaters ausgebildete **Gian Lorenzo Bernini** (1598–1680) darf als Stararchitekt des 17. Jahrhundert bezeichnet werden. Im Laufe seines langen Lebens arbeitete er für acht Päpste und gilt als Erfinder des barocken Rom. Neben seinen Arbeiten für den Petersdom zählt der Vierströmebrunnen auf der Piazza Navona zu seinen berühmtesten Werken.

WAS SEHE ICH?
Ein kolossaler, ovaler Platz mit einem Obelisken in der Mitte wird von den sogenannten Kolonnaden eingefasst. Diese werden von 284 Säulen und 88 Pfeilern gebildet, die ein flaches Gebälk tragen. Bekrönt wird das Bauwerk von 140 Heiligenskulpturen.

WARUM WURDE DER BAU ERRICHTET?
Papst Alexander VII. wollte mit dem Platz die wiedergewonnene Macht der katholischen Kirche demonstrieren. Bernini gab dem Petersdom mit den Kolonnaden weit ausgreifende architektonische „Arme", die die Gläubigen umschließen und die universelle Kirche verkörpern sollen.

WIE NUTZTEN DIE MENSCHEN DAS BAUWERK?
Der Petersplatz sollte möglichst viele Gläubige für den päpstlichen Segen „Urbi et Orbi" aufnehmen und ihnen einen ungehinderten Blick auf den zentralen Balkon des Petersdoms gewähren, wo der Papst bis heute an hohen Festtagen erscheint.

WELCHEN STIL ZEIGT DIE ARCHITEKTUR?
Der Platz spiegelt den römischen Barock wider. Entsprechend seiner theatralischen Gestaltung wird der Petersplatz zum Zuschauer- und Zuhörerraum und der Petersdom zum Bühnenprospekt. Die überlebensgroßen Skulpturen wirken wie Statisten des barocken Spektakels.

WELCHE DETAILS PRÄGEN DEN STIL?
Barocke Platzanlagen werden, so wie auch hier, durch Brunnen belebt. Die Gesamtordnung des Petersplatzes unterwirft sich dem ovalen Grundriss von 196 x 142 Metern. Das Oval wird wegen seiner dynamischen Wirkung eines der bevorzugten architektonischen Grundelemente des Barock.

BAUWERK 2: DIE KIRCHE ST. KAJETAN UND ADELHEID (GEN. THEATINERKIRCHE)

1663–1767, München, Odeonsplatz

Die Architekten: **Agostino Barelli** (1626–1697) entwarf die Kirche als Kuppelbasilika und vollendete den Rohbau. Dann übernahm **Enrico Zuccalli** (um 1642–1724) die künstlerische Leitung, was sich auf die Außengestaltung wie Kuppel und Turmhelme als auch auf die dekorative Innengestaltung auswirkte. Die Fassadengestaltung wurde von **François de Cuvilliés d. Ä.** (1695–1768) fertiggestellt.

BAROCK

WAS SEHE ICH?
Zwei weithin sichtbare monumentale Türme, die von prachtvoll dekorierten Helmen bekrönt werden, rahmen die mit einem durchbrochenen Dreiecksgiebel betonte Portalfront des Mittelschiffs ein. Das Gebäude findet seine Geschlossenheit durch den einheitlich gelben Anstrich.

WARUM WURDE DER BAU ERRICHTET?
Die Gemahlin des Kurfürsten Ferdinand Maria legte im Jahre 1659 das Gelübde ab, als Dank für die künftige Geburt eines Erbprinzen die schönste und wertvollste Kirche errichten zu lassen. Die ersehnte Geburt ereignete sich 1662, sodass ein Jahr später der Grundstein gelegt wurde.

WIE NUTZTEN DIE MENSCHEN DAS BAUWERK?
Die Kirche war Hof- und Stiftskirche des Theatinerordens. Dieser im Jahre 1524 gegründete römisch-katholische Männerorden gehörte zu den in der Gegenreformation erstarkten Ordenskongregationen, die damals häufig Kirchenneubauten in Auftrag gaben.

WELCHEN STIL ZEIGT DIE ARCHITEKTUR?
Die Theatinerkirche wird dem süddeutschen Spätbarock zugewiesen. Der Aufriss zielt auf eine dynamische Gesamtwirkung und Bewegtheit aller Bauteile ab. Diese sollten die eigentlich statischen Funktionen des Baukörpers überspielen.

WELCHE DETAILS PRÄGEN DEN STIL?
Die Mauern wirken durch vor- und zurücktretende Wandflächen bewegt. Voluten und Skulpturen als reich eingesetzter bauplastischer Schmuck gliedern den Bau. Säulen und Pfeiler werden als Strukturelement variabel eingesetzt und wechseln sich in dorischer und ionischer Ordnung ab.

BAUWERK 3: DAS SCHLOSS VERSAILLES
1669–1688, Versailles, nahe Paris

Die Architekten: **Louis Le Vau** (1612–1670) und **Jules Hardouin Mansart** (1646–1708) hatten nacheinander das Amt des Ersten Architekten unter König Ludwig dem XIV. inne und gelten heute als die entscheidenden Baumeister von Versailles. Angeregt durch die Formen des italienischen Barock gestalteten sie nach den Vorgaben der französischen Akademie diese in eine klassizistische, weniger dekorative Architektursprache um.

WAS SEHE ICH?
Versailles präsentiert sich als die größte europäische Fürstenresidenz in Gestalt einer unbefestigten symmetrischen Dreiflügelanlage. Sie wurde zum Prototyp des barocken Schlosses mit Gartenanlage. An ihrem architektonischen Machtanspruch orientierten sich Fürsten in ganz Europa.

WARUM WURDE DER BAU ERRICHTET?
Der Schlossbau wurde zum elementaren Bestandteil der absolutistischen Machtpolitik. Dafür ließ der sich selbst als Sonnenkönig stilisierende Monarch ein schon existierendes Jagdschloss umbauen und machte es zum Regierungszentrum Frankreichs.

WIE NUTZTEN DIE MENSCHEN DAS BAUWERK?
Mit uneingeschränkter Autorität gegenüber seinen Untergebenen verfügte Ludwig XIV. die Anwesenheit der Adeligen in Versailles. Er machte sie gleichsam zu „Gefangenen" seines Schlosses. Dieses bot 20 000 Menschen Platz und bildete die barocke Bühne für ausschweifende Feste und Empfänge.

WELCHEN STIL ZEIGT DIE ARCHITEKTUR?
Der durch Wandpfeiler vertikal gegliederte Baukörper wird dem klassizistischen Barock zugewiesen. Stufenweise wird der vorspringende dreistöckige Mittelteil betont. Er hebt sich durch halbrund abgeschlossene Fenstertüren im 1. Stock und einen bekrönenden Aufsatz vom Gesamtkomplex ab.

WELCHE DETAILS PRÄGEN DEN STIL?
Durch den Wechsel von rotem Sandstein und grauem Haustein erfährt der strenge Kernbau seine barocke Belebung. Dieser Eindruck wird unterstützt durch die Büsten an den Wandflächen, Skulpturen und Vasen auf der Balustrade und vergoldete Dachfirste, Fenstergauben und Kamine.

BAUWERK 4: UNIVERSITÄT BRESLAU – MATHEMATISCHER TURM
ab 1728, Breslau

Der Architekt: Im Alter von 22 Jahren trat **Christoph Tausch** (1673–1731) als Laienbruder in den Jesuitenorden in Wien ein und erlernte ab 1702 das Modellieren, Malen und architektonische Zeichnen durch den Jesuiten Andrea Pozzo. Nach dessen Tod wurde Tausch mit zahlreichen kirchlichen Kunstaufträgen betraut und übernahm das Amt des fürstbischöflichen Oberbaurats der Stadt Neisse.

WAS SEHE ICH?

Prächtig und dominierend erhebt sich an der repräsentativen Breslauer Universität der Mathematische Turm. Als einziger von einst drei geplanten Türmen wurde er am barocken Westflügel erbaut. Der zentrale Uhrenturm und der Astronomische Turm fanden keine Realisierung.

WARUM WURDE DER BAU ERRICHTET?

Im Jahre 1702 stiftete Kaiser Leopold I. in Breslau eine Universität als Jesuiten-Akademie: die Leopoldina. Sie besaß nur zwei Fakultäten – eine für Philosophie und eine für katholische Theologie. Prunkstück im Innern ist die in den Jahren 1728 bis 1732 erbaute, bis heute nahezu vollständig erhaltene Aula.

WIE NUTZTEN DIE MENSCHEN DAS BAUWERK?

Der Mathematische Turm war Haupteingang der Universität. In seinem Innern führt die sogenannte Kaisertreppe auf die große Terrasse in 42 Metern Höhe. Ab 1790 nutzte man den Turm über 100 Jahre als Sternwarte.

WELCHEN STIL ZEIGT DIE ARCHITEKTUR?

Der Turm steht beispielhaft für den nordalpinen Barock. Den Haupteingang bildet ein dreiteiliger Portikus mit einer durchbrochenen Balustrade. Ferner finden sich als Dekor – typisch für den Barock – allegorische Figuren, hier die vier Kardinaltugenden: Klugheit, Gerechtigkeit, Tapferkeit und Mäßigung.

WELCHE DETAILS PRÄGEN DEN STIL?

Von unten nach oben steigert sich in der Gestaltung der Fensterrahmung die Dynamik des Dekors. Dieses wird zunehmend kleinteiliger und unruhiger. Fenstergesimse und -bekrönungen entwickeln ein bogenförmig schwingendes Ornamentspiel. Monumentale Wandpfeiler fassen zwei Stockwerke zusammen.

BAUWERK 5: DAS BUDDENBROOCKHAUS
1758, Lübeck, Mengstraße 4

Der Architekt: (unbekannt) Das sogenannte Buddenbroockhaus verdankt seinen Namen der Gegebenheit, dass es Schauplatz für den von Thomas Mann verfassten Roman „Die Buddenbroocks" wurde. Die Großmutter des Schriftstellers lebte bis Ende 1890 in dem Haus. Heute beherbergt es ein Museum mit Ausstellungen zu den Manns und den Buddenbroocks und ist Sitz des Heinrich-und-Thomas-Mann-Zentrums.

WAS SEHE ICH?
Das Buddenbrookhaus ist ein elegantes, weißes Stadthaus mit großen, gegliederten Fenstern und einem geschwungenen, mit Figuren geschmückten Giebel. Eingebettet in eine Häuserzeile liegt es direkt gegenüber der Marienkirche im Zentrum der Stadt.

WARUM WURDE DER BAU ERRICHTET?
Der Kaufmann und Zuckerfabrikant Johann Michael Croll (1706–1777) kaufte das Anwesen in der Mengstraße 4 und ließ dort ein neues Wohn- und Geschäftshaus errichten. Über dem Portal erscheint das Jahr der Fertigstellung 1758 und die lateinische Inschrift „Dominus providebit" – Der Herr wird vorsorgen.

WIE NUTZTEN DIE MENSCHEN DAS BAUWERK?
Das Vorderhaus war im Erdgeschoss dem Geschäftsbetrieb vorbehalten und diente zur Aufbewahrung der Waren. Hier befand sich wie üblich die Küche, in deren Nähe nicht nur der Zugang zum Gewölbekeller lag, sondern auch die Räume des Dienstpersonals.

WELCHEN STIL ZEIGT DIE ARCHITEKTUR?
Das Buddenbrookhaus wird dem deutschen Spätbarock zugeordnet. Typisch dafür sind die hohen Fenster und die fünfachsigen Fenstergliederung bzw. -reihung in der Fassadengestaltung des 1. Stocks. Die Räume dieser sogenannten Beletage sollten repräsentative Zwecke erfüllen.

WELCHE DETAILS PRÄGEN DEN STIL?
Das barocke Formgefühl des Hauses zeigt sich vor allem in dem auffällig gestalteten Dachgeschoss. Drei Steinvasen dekorieren den geschwungenen Dachgiebel. Dieser wird durch zwei Personifikationen geschmückt: links "Die Zeit" und rechts "Der Wohlstand".

DAS 19. JAHRHUNDERT
IN FÜNF BAUWERKEN

VON INDUSTRIALISIERUNG, STADTEXPLOSION UND NEUEN BAUAUFGABEN

Der Ausbruch der Französischen Revolution im Jahr 1789 und die daraus resultierenden Folgen erschütterten die europäischen Herrschaftsformen und Mächteverhältnisse in ihren Grundfesten. Monarchien wechselten mit Republiken. Nationalstaaten wie das Deutsche Reich und Italien gründeten sich und Landesgrenzen wurden verschoben. Zudem bewirkte die Industrielle Revolution Entscheidendes. Von England aus kamen der technische Fortschritt und das Fabrikwesen auf das europäische Festland. Tätigkeiten, die zuvor zeitraubende Handarbeit waren, konnten mit Maschinen billiger und schneller ausgeführt werden. Eisen und Stahl wurden zur Produktionsware des 19. Jahrhunderts, nicht zuletzt für das rasant wachsende Schienennetz der Eisenbahn. Diese veränderte das soziale Leben und läutete ein neues Mobilitätszeitalter ein.

FÜNF FRAGEN ZUR ARCHITEKTUR IM 19. JAHRHUNDERT

- **Was sehe ich?** Die Aufgaben der Architekten lagen nicht mehr in der Errichtung von feudalen oder kirchlichen Repräsentationsgebäuden, sondern in Bauten für das „gemeine Volk".

- **Warum wurde der Bau errichtet?** Die Industrialisierung und die veränderten Handels- und Gesellschaftsstrukturen verlangten nach neuartigen Bauten, denen oft Bauwerke früherer Jahrhunderte zum Opfer fielen.

- **Wie nutzten die Menschen das Bauwerk?** Die Landflucht der Menschen ließ Städte enorm anwachsen, was neben Wohnbauten zahlreiche öffentliche Neubauten wie Bahnhöfe, Brücken, Fabrik- und Lagerhallen oder Kulturbauten erforderte.

- **Welchen Stil zeigt die Architektur?** Die Baukunst des 19. Jahrhunderts ist nicht durch einen einheitlichen Stil gekennzeichnet. Der Klassizismus bezieht sich auf Antike, der Historismus nimmt Anleihen aus nahezu allen vorausgegangenen Epochen.

- **Welche Details prägen den Stil?** Aus Antike, Romanik, Gotik, Renaissance und Barock geliehene Bauornamente, die zuvor an Sakral- und Feudalbauten zu finden waren, beeinflussen die Bauten des 19. Jahrhunderts.

BAUWERK 1: DAS SCHAUSPIELHAUS
1818–1821, Berlin, Gendarmenmarkt

Der Architekt: **Karl Friedrich Schinkel** (1781–1841) hat den Klassizismus im Königreich Preußen entscheidend geprägt. Zahlreiche seiner Bauten, z. B. „Neue Wache" oder „Altes Museum", formen noch heute das Stadtbild der alten Mitte Berlins. Neben seiner Tätigkeit als Architekt war er auch als Maler, Grafiker, Medailleur, Bühnenbildner und Stadtplaner tätig und beeinflusste die nachfolgende Architektengeneration maßgeblich.

19. JAHRHUNDERT

WAS SEHE ICH?
Einem strengen, blockartigen Baukörper mit antiken Giebeldächern ist ein Tempelportikus mit ionischen Säulen vorgelagert, zu dem eine Freitreppe führt. Die durch Pfeiler unterteilten Fensterbänder geben dem Bauwerk eine klar strukturierte Linienführung. Diese wird von sparsam eingesetzten Skulpturen aufgelockert.

WARUM WURDE DER BAU ERRICHTET?
Nachdem 1817 der Vorgängerbau vollständig ausgebrannt war, gab der preußische König Friedrich Wilhelm III. Schinkel den Auftrag für einen Neubau, jedoch mit der Auflage, alle wiederverwendbaren Teile des abgebrannten Theaters zu verwenden.

WIE NUTZTEN DIE MENSCHEN DAS BAUWERK?
Schinkel konzipierte seinen Neubau als bürgerliches Theater, das 1600 Zuschauern Platz bieten sollte. Das Bauwerk beherbergte neben der Theaterbühne und dem Zuschauerraum Magazine, Werkstätten, Garderoben und Proberäume. Ergänzend gab es einen Konzert- und Ballsaal sowie Restaurant und Küche.

WELCHEN STIL ZEIGT DIE ARCHITEKTUR?
Das Schauspielhaus hat einen klassizistischen Stil. Vorbild dafür waren die klassischen Formen vor allem aus der griechischen Antike. Das im Jahr 320 v. Chr. erbaute Thrasyllos-Monument in Athen diente dem Schauspielhaus als Vorbild für die Fassade.

WELCHE DETAILS PRÄGEN DEN STIL?
Vorzugsweise wurden die griechisch-römischen Säulenordnungen in Proportion, Größe und Abstand entsprechend den antiken Bauten eingesetzt. Auch die Figurenensembles in den Giebelfeldern sind den Ausschmückungen antiker Tempel nachempfunden.

BAUWERK 2: DIE GRANDS BOULEVARDS
1853–1871, Paris

Der Architekt: **Georges-Eugène Baron Haussmann** (1809–1891) machte die französische Hauptstadt zu einer modernen Metropole. Nach dem Abriss von mehr als 20 000 Häusern erhielt die Stadt durch Haussmann nicht nur ein leistungsfähiges Verkehrsnetz für Fahrzeuge, sondern auch die erste moderne Kanalisation in Europa. Es entstand eine durchgängig großzügige historisierende Bebauung der insgesamt 95 km langen neuen Prachtstraßen: die Grands Boulevards.

WAS SEHE ICH?
Entlang breiter Straßen mit Trottoires reihen sich nach klaren Regeln gestaltete Wohn-Nutz-Bauten von etwa 75 Metern Höhe aneinander. Ergänzt durch einheitlich gestaltete Gaslaternen, Werbesäulen, Parkbänke und Zäune wirkt die Stadt wie aus einem Guss.

WARUM WURDEN DIESE BAUTEN ERRICHTET?
Kaiser Napoleon III. verfolgte mit der Umgestaltung von Paris das Ziel, die Stadt zu einer modernen, imperialen Metropole des Industriezeitalters zu machen, um sich mit den europäischen Großmächten messen zu können.

WIE NUTZTEN DIE MENSCHEN DIE BAUWERKE?
Die Erdgeschosse beherbergen Geschäfte, Cafés und Restaurants. Das darüber befindliche Zwischengeschoss nahm Büro- und Werkstatträume auf. Dann folgte der erste Stock für die wohlhabenden und zwei bis drei weitere Stockwerke für die weniger betuchten Bürger. Unterm Dach waren die Dienstboten untergebracht.

WELCHEN STIL ZEIGT DIE ARCHITEKTUR?
Die Häuser entlang der Grands Boulevards zeigen den Stil des französischen Historismus. Die klassischen mehrgeschossigen Mietshäuser werden zu einheitlich langen Fronten zusammengefasst, hinter denen sich abgeschlossene Etagenwohnungen verbergen.

WELCHE DETAILS PRÄGEN DEN STIL?
Der Fassadenschmuck war dezent. Der Einsatz und die Formenvielfalt von Säulen, Pilastern, Kapitellen, Gesimsen, Balkongittern, Fensterläden und -umrahmungen waren begrenzt, die Variationsmöglichkeiten jedoch groß.

BAUWERK 3: DIE BASILIKA SACRÉ-CŒUR
1875–1914, Montmartre, Paris

Der Architekt: **Paul Abadie der Jüngere** (1812–1884) gilt als Hauptvertreter des französischen Historismus. Neben seiner Tätigkeit als Architekt war er auch als Denkmalpfleger tätig. Zahlreiche Restaurierungen an Kirchengebäuden im Süden Frankreichs gehen auf ihn zurück. Diese Beschäftigung wirkte sich nachhaltig auf seinen eigenen Architekturstil aus.

WAS SEHE ICH?
Auf der höchsten natürlichen Erhebung von Paris thront weithin sichtbar ein aus Kalkstein (Travertin) errichteter, kolossal wirkender Sakralbau mit Kuppeln, Türmen und breitem Treppenaufgang. Der Pariser Erzbischof erwählte den Ort. Die französische Nationalversammlung erklärte Sacré-Cœur zum nationalen Bauprojekt.

WARUM WURDE DER BAU ERRICHTET?
1875 wurde der Grundstein für die Basilika gelegt, bewusst in das Jahr, in dem die Verfassung der Dritten Republik Frankreichs in Kraft trat. Errichtet wurde der Bau unter anderem zum Gedenken an die französischen Opfer des Deutsch-Französischen Krieges (1870/71).

WIE NUTZTEN DIE MENSCHEN DAS BAUWERK?
Die Basilika Sacré-Cœur ist dem Herzen Jesu geweiht. Die katholischen Gläubigen nutzten die über Paris thronende Kirche als Pilgerziel. Der Anstieg über die Treppenstufen ist seit jeher beschwerlich – damals wie heute wird man dafür mit einem einmaligen Blick über Paris belohnt.

WELCHEN STIL ZEIGT DIE ARCHITEKTUR?
Die römisch-katholische Wallfahrtskirche wurde im romanisch-byzantinischen Stil gebaut. Architektonische Vorbilder liegen in der Hagia Sophia in Istanbul, der Basilica di San Marco in Venedig sowie der Kathedrale Saint-Front von Périgueux. Letztere hatte Paul Abadie ab 1852 restauriert.

WELCHE DETAILS PRÄGEN DEN STIL?
Vom byzantinischen Stil ist die Form der Türme, Dächer und Helme entlehnt. Aus der Romanik sind die Rundbögen an den Portalen, den Fenstern und der Wandgliederung abgeleitet. Besonderes Merkmal sind die schmückend eingesetzten Laternen auf den Helmen und Türmen.

BAUWERK 4: DIE HAMBURGER SPEICHERSTADT
1883–1927, Hamburg

Die Architekten: Die Bauleitung der südlich der Hamburger Altstadt ab 1883 entstandenen Speicherstadt hatte der Oberingenieur **Franz Andreas Meyer** (1837–1901) inne. Ihm zur Seite standen Wasserbaudirektor **Christian Johannes Nehls** (1841–1897) und der Baudirektor **Carl Johann Christian Zimmermann** (1831–1911) sowie eine Gemeinschaft aus 15 Ingenieuren, 24 Architekten und Bauzeichnern.

19. JAHRHUNDERT

WAS SEHE ICH?
Betritt man über eine der zahlreichen Brücken die Speicherstadt, sieht man aus dem Wasser aufragende rote Backsteinbauten, die entlang der Kanäle wie tiefe Schluchten wirken. Auf einer rund 260 000 m² großen Fläche entstand nach dem Abriss von etwa 1100 Häusern und der Umsiedlung von rund 20 000 Bewohnern jenes einmalige Ensemble.

WARUM WURDE DER BAU ERRICHTET?
Die Speicher entstanden infolge des Zollanschlusses Hamburgs an das Deutsche Reich. Als Teil des Freihafens konnten hier Waren zollfrei gelagert werden. Auf ca. 3,5 Millionen, bis zu 12 Meter tief in den Schlick gerammten Eichenpfählen wurden diese Lagerhäuser errichtet.

WIE NUTZTEN DIE MENSCHEN DAS BAUWERK?
Auf fünf Böden (Stockwerken), die über eine am Hausgiebel befestigte Seilwinde erreichbar waren, lagerten hochwertige Güter wie Kaffee, Tee, Kakao, Gewürze, Tabak und Teppiche.

WELCHEN STIL ZEIGT DIE ARCHITEKTUR?
Die Speicherstadt wurde im Stil neugotischer Backsteinarchitektur errichtet. Das Speicherstadtrathaus am St. Annenufer hebt sich jedoch durch seinen Neorenaissance-Stil von den anderen Speichergebäuden ab.

WELCHE DETAILS PRÄGEN DEN STIL?
Rundbogenfenster, Schmuckgiebel, Erker, Treppenhaustürme, Ornamente und Bänder aus grünen Glasurstreifen ergeben ein einheitliches Gesamtbild. Typisch für die Speicher ist ihre Anbindung sowohl ans Wasser (Fleet) als auch an Straßen und Wege. Sie werden durch Brücken verbunden.

BAUWERK 5: DER DRESDNER HAUPTBAHNHOF
1892–1898, Dresden

Die Architekten: Der realisierte Entwurf des Dresdner Hauptbahnhofs ist eine Verschmelzung von Elementen zweier Siegerentwürfe. Denn sowohl die Dresdner Bauräte **Ernst Giese** (1832–1903) und **Paul Weidner** (1843–1899) als auch der Leipziger Baurat **Arwed Rossbach** (1844–1902) gewannen den ersten Preis eines Wettbewerbs des Jahres 1892, der die funktionalen Rahmenbedingungen zur architektonischen Gestaltung vorgegeben hatte.

19. JAHRHUNDERT 53

WAS SEHE ICH?
Der imposant wirkende Bau, den der heutige Bahnreisende bei seiner Ankunft im Bahnhof Dresden erlebt, ist den originalgetreuen Restaurierungsmaßnahmen des 21. Jahrhunderts zu verdanken. Denn während des großen Luftangriffs auf Dresden im Februar 1945 brannte der Bahnhof völlig aus.

WARUM WURDE DER BAU ERRICHTET?
Die Einwohnerzahl Dresdens wuchs im 19. Jahrhundert von etwa 60 000 auf rund 400 000 an und mit ihr auch der Verkehr. So erwies sich die im Jahre 1839 in Betrieb genommene erste Bahnhofsanlage für das steigende Verkehrsbedürfnis als unzureichend.

WIE NUTZTEN DIE MENSCHEN DAS BAUWERK?
Großangelegte Bahnhöfe waren für den Personen- wie Warenverkehr integrale Bestandteile der Eisenbahn. Diese entwickelte sich im 19. Jahrhundert binnen weniger Jahrzehnte zu einem sehr gut vernetzten Verkehrssystem, was die Reisezeiten verkürzte und die Mobilität stark ansteigen ließ.

WELCHEN STIL ZEIGT DIE ARCHITEKTUR?
Die Hauptfassade in Elbsandstein weist einen neobarocken Stil auf. Dahinter liegt die große Kopfbahnhalle in Tieflage, die von zwei Durchgangshallen in Hochlage flankiert wird. Die Gleisanlagen und die Kuppel der Eingangshalle wurden mit einer lichten Stahl-Glas-Konstruktion überdacht.

WELCHE DETAILS PRÄGEN DEN STIL?
Die Fassade der Schalterhalle wird von einem gewaltigen halbrunden Fenster-Portal dominiert. Dieses beherrscht das Zentrum und öffnet den wuchtigen Risalit. Bekrönt wird er von der Statue der Saxonia (Patronin Sachsens), zu deren Füßen die Allegorien von Wissenschaft und Technik sitzen.

DIE
KLASSISCHE MODERNE
IN FÜNF BAUWERKEN

VOM ORNAMENT ZUR FUNKTION

Die Architektur der klassischen Moderne entwickelte sich entscheidend in den Jahren zwischen dem 1. und 2. Weltkrieg. Während Anfang des 20. Jahrhunderts noch der dekorative Jugendstil vorherrschte, revolutionierte besonders das Bauhaus die Architektur und wies den Weg in die Moderne. Die Ausrichtung auf Funktionalität und die Suche nach der Sinnhaftigkeit der jeweiligen Bauaufgabe wurden zu Kernprinzipien des neuen Bauens. Die Machtergreifung der Nationalsozialisten 1933 und deren Missachtung moderner Stilströmungen führte nicht zuletzt dazu, dass Architekten Europa den Rücken kehrten und neue Wirkungsstätten suchten. So emigrierten Walter Gropius nach New York oder Mies van der Rohe nach Chicago. In den USA gründeten sie tonangebende Schulen und hoben damit die über Jahrhunderte währende Vorrangstellung Europas in der Architekturentwicklung auf.

FÜNF FRAGEN ZUR ARCHITEKTUR DER KLASSISCHEN MODERNE

- **Was sehe ich?** Anfang des 20. Jahrhunderts spielten im Jugendstil noch Ornament und Dekor eine große Rolle. Mit Beginn der 20er-Jahre weisen Bauten eine nüchterne Klarheit auf. Als Baumaterialien dominieren nun Beton, Stahl und Glas.

- **Warum wurde der Bau errichtet?** Durch den Machtverlust von Aristokratie und Kirche waren in erster Linie die öffentliche Hand wie auch große Konzerne die Auftraggeber von visionären und spektakulären Neubauten.

- **Wie nutzten die Menschen das Bauwerk?** Der Zweckcharakter eines Gebäudes stand für den Menschen immer mehr im Vordergrund – die Form ergibt sich somit aus der Funktion („Form follows function").

- **Welchen Stil zeigt die Architektur?** Zahlreiche Stile wie Jugendstil, Bauhaus, Brutalismus, Organische Architektur und International Style prägen das moderne Bauen.

- **Welche Details prägen den Stil?** Viele der Bauten gehen hauptsächlich von der Linienführung und den Umrissformen der Baukörper aus. Neben floralen Formen im Jugendstil herrschen klare geometrische Formgebung und strenge Harmonie vor.

BAUWERK 1: CASA BATLLÓ
1904–1906, Barcelona, Passeig de Gràcia 43, Stadtteil Eixample

Der Architekt: Der spanische Architekt **Antoni Gaudí** (1852–1926) wird heute als herausragendster Vertreter der katalanischen Bewegung des Jugendstils angesehen. Aufgewachsen in einer Familie von Kupferschmieden, war Gaudí schon seit Kindertagen mit geometrischen und organischen Formen vertraut, die seinen Stil prägen sollten und in seiner Kirche Sagrada Familia ihren reinsten Ausdruck fanden.

WAS SEHE ICH?

Die Legende des Heiligen Georgs, Schutzpatron Kataloniens, wird an der bunten Fassade dargestellt. Die Galerie des 1. Stocks bildet das Maul des Drachens, die Balkone wirken wie Masken oder Totenköpfe. Die Schindeln auf dem Dach assoziieren die Schuppen des Drachens und das Kreuz die Lanze des Heiligen Georg, der gegen den Drachen kämpft.

WARUM WURDE DER BAU ERRICHTET?

Der Textilindustrielle Josep Batlló i Casanovas ließ das im Jahr 1877 errichtete Gebäude von 1904 bis 1906 durch Gaudí umbauen. Dafür arbeitete der Architekt mit zahlreichen Bildhauern und Keramikern zusammen und gestaltete es als ein für ihn typisches Gesamtkunstwerk.

WIE NUTZTEN DIE MENSCHEN DAS BAUWERK?

Das Gebäude wurde nach dem Umbau als Wohn- und Geschäftshaus genutzt. Gegenwärtiger Eigentümer ist die Familie Bernat, unter der ab 1995 eine umfassende Restaurierung stattfand und Teile des Hauses zur Besichtigung freigegeben wurden.

WELCHEN STIL ZEIGT DIE ARCHITEKTUR?

Gaudís Bauwerke werden dem Modernisme zugewiesen, der katalanischen Variante des Jugendstils. Kennzeichnend hier sind Bauten, die wie Skulpturen wirken und mit erzählerischen Elementen gestaltet werden.

WELCHE DETAILS PRÄGEN DEN STIL?

Gaudís kapriziöser Stil zeichnet sich durch wellige, organisch wirkende Formen aus. Typische Details sind geschwungene Linien, weiche Formen mit Motiven aus Fauna und Flora. Oft wurden bunte Keramikfliesen zur Gestaltung eingesetzt.

BAUWERK 2: BAUHAUSGEBÄUDE DESSAU
1925–1926, Dessau

Der Architekt: Der in Berlin geborene **Walter Gropius** (1883–1969) hat mit dem Staatlichen Bauhaus Geschichte geschrieben. Zu den Grundsätzen der Bauhaus-Lehre gehörte neben der Wiederherstellung der Einheit von Kunst und Handwerk auch das Zusammenwirken von Kunst und Industrie. Dabei sollte die Architektur die führende Rolle unter allen Künsten einnehmen.

KLASSISCHE MODERNE

WAS SEHE ICH?
Fünf in Flügelform angeordnete, funktional gegliederte Bauteile bilden das Gebäude. Im Flügel mit der markanten Glasvorhangfassade (Curtain Wall, s. auch S. 2) waren die Werkstätten untergebracht, in dem Atelierhaus mit den Balkonen wohnten und arbeiteten die Studenten.

WARUM WURDE DER BAU ERRICHTET?
Das Gebäude entstand nach den Plänen von Walter Gropius als Schulgebäude für die Kunst-, Design- und Architekturschule Bauhaus. Der Bau selbst und die in unmittelbarer Nähe errichteten Meisterhäuser begründeten den Ruf des Bauhauses als „Ikone der Moderne".

WIE NUTZTEN DIE MENSCHEN DAS BAUWERK?
Der Komplex nahm neben Verwaltungsräumen und dem Baubüro auch Aula, Bühne und Mensa auf. Das Hauptaugenmerk lag auf den dreizehn Werkstätten, darunter Metallwerkstatt, Tischlerei, Glasmalerei, Weberei und Wandmalerei.

WELCHEN STIL ZEIGT DIE ARCHITEKTUR?
Das Gebäude gibt den Bauhaus-Stil wieder. Der gesamte Baukörper wurde entsprechend der Funktion der einzelnen Bauteile gegliedert. Form und Ästhetik des Baus ergaben sich aus dem Verwendungszweck als Lehranstalt mit Werkstätten. Die Glasfassade sollte optimale Lichtverhältnisse schaffen.

WELCHE DETAILS PRÄGEN DEN STIL?
Der Baukomplex besticht durch konsequente Ornamentlosigkeit. Das Flachdach wird die bevorzugte Dachform. Die Außenwände werden in neutralem Weiß und Grau gehalten.

BAUWERK 3: DIE KATHOLISCHE WALLFAHRTSKIRCHE CHAPELLE NOTRE-DAME-DU-HAUT DE RONCHAMP

1950–1955, Frankreich, Gemeinde Ronchamp, nahe Belfort

Der Architekt: Der unter dem Pseudonym **Le Corbusier** bekannte **Charles-Édouard Jeanneret-Gris** (1887–1965) ist ein französisch-schweizerischer Architekt. Er zählt zu den einflussreichsten Baumeistern des 20. Jahrhunderts. Als Stadtplaner, Architekturtheoretiker, Bildhauer, Maler, Zeichner und Möbeldesigner löste er mit seinen neuen Ideen heftige Kontroversen aus.

KLASSISCHE MODERNE 61

WAS SEHE ICH?
Das auf einem Hügel liegende ausgefallene Gebäude erinnert entfernt an einen Pilz. Die konkav und konvex schwingenden Mauern und das weit auskragende, muschelartige Dach sind aus hohlen Betonschalen konstruiert, die dem Bau seine skulpturale Form verleihen.

WARUM WURDE DER BAU ERRICHTET?
Nachdem der Vorgängerbau im 2. Weltkrieg zerstört worden war, bat man Le Corbusier, einen Neubau zu errichten. Dieser lehnte zunächst ab, für eine „tote Institution" zu arbeiten. Die exponierte Höhenlage gab wohl den Ausschlag für die Übernahme des Projekts.

WIE NUTZTEN DIE MENSCHEN DAS BAUWERK?
Der Architekt konstruierte eine kombinierte Außen- und Innenkirche. Grund dafür war die zu erwartende hohe Pilgerzahl. An der Ostwand befindet sich ein Freiluftaltar für Gottesdienste mit bis zu 1200 Personen; im Innenraum bietet das Gebäude 200 Menschen Platz.

WELCHEN STIL ZEIGT DIE ARCHITEKTUR?
Die Kapelle zeigt den Architekturstil des Brutalismus. Dieser leitet sich vom französischen Wort für Sichtbeton ab: „béton brut". Bewusst werden funktionale Architekturelemente offengelegt. Die Kapelle mit ihren bewegten Formen bietet zudem ein frühes Beispiel des internationalen „Plastischen Stils".

WELCHE DETAILS PRÄGEN DEN STIL?
Die Kapelle zeigt eine organische Bauform auf asymmetrischem Grundriss mit daraus resultierender bewegter Raumgliederung. Die Wände bestehen aus weiß verputztem Beton. Einzelne funktionale Architekturelemente werden bewusst unverhüllt gelassen.

BAUWERK 4: DIE BERLINER PHILHARMONIE
1960–1963, Berlin, Kulturforum nahe Potsdamer Platz

Der Architekt: **Hans Scharoun** (1893–1972), Sohn eines Kaufmanns, studierte bis 1914 Architektur an der Technischen Hochschule Charlottenburg, erlangte aber kriegsbedingt nie einen Studienabschluss. Das hinderte ihn nicht daran, 1919 ein Büro als Freier Architekt in Breslau zu übernehmen und in den folgenden Jahrzehnten zu einem der renommiertesten Vertreter seiner Zunft aufzusteigen.

WAS SEHE ICH?
Ein auf den ersten Blick ungewöhnlich wirkender, geschwungener Bau erhebt sich in unmittelbarer Nähe zum Potsdamer Platz in der Mitte Berlins. Der Aufbau des Konzertsaals ist asymmetrisch und basiert im Grundriss auf dem Prinzip dreier ineinander versetzter Fünfecke.

WARUM WURDE DER BAU ERRICHTET?
Durch die Teilung Berlins fehlte West-Berlin ein Konzerthaus für seine Philharmoniker. So entschied man sich, unweit der Berliner Mauer ein Kulturforum zu konzipieren, dessen erster Bau die Philharmonie war.

WIE NUTZEN DIE MENSCHEN DAS BAUWERK?
Der Bau beherbergt einen Konzertsaal mit 2250 Sitzplätzen, die sich um das in der Mitte befindliche Konzertpodium gruppieren. Die Sitze bieten durch die ringsum unregelmäßig ansteigenden Logenterrassen von allen Seiten gute Sicht auf die Bühne.

WELCHEN STIL ZEIGT DIE ARCHITEKTUR?
Die Berliner Philharmonie wird der organischen Architektur zugerechnet. Scharoun wollte durch Anordnung und Formgebung die Trennung zwischen Künstlern und Publikum weitgehend aufheben und dadurch außen wie innen die Beziehung Mensch, Raum und Musik in seiner Architektur umsetzen.

WELCHE DETAILS PRÄGEN DEN STIL?
Nautische Gestaltungselemente wie „Bullaugen" oder auch die segelartigen Dachstrukturen formen seinen Stil. Darüber hinaus prägend ist die Aufteilung des Baus in eine horizontale Basis, die in Weiß gehalten wurde, und der daraus organisch emporragende, mit goldeloxierten Aluminiumplatten verkleideten Klangkörper des Konzertsaales.

BAUWERK 5: IBM TOWER
1972, Chicago, 330 North Wabash

Der Architekt: Der als jüngster Sohn eines Aachener Steinmetzmeisters geborene **Ludwig Mies van der Rohe** (1886–1969) war der dritte und letzte Direktor des Bauhauses. Er emigrierte 1938 nach Amerika und ließ sich in Chicago nieder. Mies van der Rohe war ein Vertreter des Minimalismus in der Architektur, was sich durch die Formel „Weniger ist mehr" ausdrückt.

KLASSISCHE MODERNE

WAS SEHE ICH?
Der 212 Meter hohe IBM Tower in Chicago hat 52 Etagen und ist der zweithöchste Wolkenkratzer, den Mies van der Rohe entworfen hat. Mit seiner monolithischen, schwarzen Struktur beherrschte er bis zur Erbauung des Trump Towers 2009 den öffentlichen Platz mit Blick auf den Chicago River.

WARUM WURDE DER BAU ERRICHTET?
IBM (International Business Machines Corporation) beauftragte 1966 Mies van der Rohe für einen Neubau ihrer Vertretung in Chicago.

WIE NUTZEN DIE MENSCHEN DAS BAUWERK?
Der Tower diente IBM 1996–2005 als Bürogebäude. 2013 eröffnete in den unteren 13 Etagen das Langham Hotel. Die Leitung der Neugestaltung hatte der Architekt Dirk Lohan, ein Enkel von Mies van der Rohe. Seit 2013 hat auch die American Medical Association dort Büros. Heute wird der Tower AMA Plaza oder 330 North Wabash genannt.

WELCHEN STIL ZEIGT DIE ARCHITEKTUR?
Mies van der Rohes Bauten, die auf einfachen kubischen Formen basieren und räumliche Gestaltungsfreiheit im Innenraum erlauben, werden dem International Style zugeschrieben. Die Bezeichnung ist ein Oberbegriff für funktionalistische und minimalistische Baukunst.

WELCHE DETAILS PRÄGEN DEN STIL?
Mies van der Rohe entwickelte moderne Tragstrukturen aus Stahl. Sie bewirkten eine hohe Variabilität der Nutzflächen und machten eine großflächige, gitterartige Verglasung der Fassade möglich. Zweckmäßigkeit und Nützlichkeit standen für das ornamentlose Gebäude im Fokus.

Allegorie: bildhafte Darstellung eines abstrakten Begriffs.
Architrav: (griech.-lat. Hauptbalken) waagerechter, den Oberbau tragender Hauptbalken, der auf Säulen oder Pfeilern ruht.
Arkade: (lat. arcus = Bogen) über Pfeilern oder Säulen ruhender Bogen/Bogenreihe.
Balustrade: eine niedrige Reihe säulenartiger Stützglieder mit durchlaufender Abdeckung, die als Brüstung oder Geländer an Treppen, Terrassen und Balkonen dient.
Basilika: (griech. basilike stoa = Königshalle) christliches Kirchengebäude, das einen Langbau mit einem Mittelschiff hat. Dieses ist deutlich höher als die Seitenschiffe. Die Fensterzonen in der oberen Wand des Mittelschiffs sorgen für Licht.
Basis: (griech. Schritt/Fuß) ausladender Fuß von Säulen oder Pfeilern.
Beletage: (frz. schönes Stockwerk) das bevorzugte Geschoss, in dem sich die Repräsentationsräume befinden, meist das 1. Obergeschoss.
Blatt: in einen Kreis oder ein krummlinig begrenztes Drei-, Vier- oder Vieleck eingesetztes Schmuckelement des gotischen Maßwerks.
Blendbogen: dekorativer oder gliedernd vorgebauter (= vorgeblendeter) Bogen an einer Wand, durch den man nicht hindurchgehen kann.
Blindfenster: dekoratives oder gliedernd vorgebautes Fenster an einer Wand, durch das man nicht hindurchsehen kann.
Bogen: gewölbte Konstruktion in einer Maueröffnung, die die Last abfängt bzw. auf Pfeiler oder Säulen ableitet.
Bühnenprospekt: perspektivisch gestalteter Hintergrund einer Bühne.
Doppelfenster: Fenster mit zwei parallel hintereinander gesetzten Flügeln.
Dorische Säulenordnung: Säulen sind ohne Basis, mit kanneliertem (ausgekerbtem) Schaft und wulstförmigem Kapitell unter einer Deckplatte.
Dreiflügelanlage: Grundrissform des barocken Schlossbaus mit einem Hauptgebäude und meist zwei kürzeren Seitenflügeln, die einen offenen Hof U-förmig umfassen.
Dreiecksgiebel: eine bis unters Dach reichende senkrechte Stirnseite eines Gebäudes in Form eines Dreiecks.
Erker: geschlossener Vor-/Anbau an Fassaden oder Gebäudeecken.
Fachwerk: Gerüst- oder Skelettbau, bei dem die tragenden Rahmenwerke der Wand aus Holzbalken gebildet und die Zwischenräume mit einem Lehm verputztem Holzgeflecht oder mit Backsteinen ausgefüllt werden.
Fensterband: eine Reihe mehrerer unmittelbar nebeneinander liegender Fenster.
Fenstergauben: Fenster im Dach eines Gebäudes.
Fenstergesims: Gesims an der Außenseite des Fensters, auf Höhe der Fensterbank.
Fischblase: geschwungene Ornamentform im gotischen Maßwerk, die an einem Ende kreisförmig abgerundet ist und zum anderen spitz ausläuft.
Gebälk: Gesamtheit der horizontalen Balken, die auf einem Kapitell aufliegen und den darüber befindlichen Dachaufbau tragen.

Gesims: waagerecht aus einer Mauer hervortretendes, fensterbrettartiger Wandstreifen, der ein Geschoss abschließt und zur Gliederung von Außenwänden dient.
Giebel: meist dreieckiger, oft verzierter, schmückender Aufsatz als oberer Abschluss von Fenstern, Portalen oder Dächern.
Giebelfeld: von Gesimsen eingegrenzte Fläche des Giebels.
Haustein: zu regelmäßiger Form behauener Naturstein als schmückende Verblendung von Mauerwerk.
Helme: spitze Dachform bei Türmen mit polygonalem Grundriss.
Industrielle Revolution: tiefgreifende Umgestaltung der wirtschaftlichen und sozialen Verhältnisse, Arbeitsbedingungen und Lebensumstände im 19. Jahrhundert.
Industrialisierung: Prozess, in dem sich ein Agrarstaat zum Industriestaat entwickelt.
Ionische Säulenordnung: Säule ist schlanker als die dorische und steht auf einer Basis. Der Schaft hat Kanneluren (vertikale Vertiefungen), die durch Stege getrennt sind. Das Kapitell zeichnet sich durch zwei Voluten aus.
Kapelle: (lat. capella = kleiner Mantel) kleine selbstständige Kulträume in Kirchen.
Kapitell: (lat. capitulum bzw. capitellum = Köpfchen) oberer Abschluss (Kopf) einer Säule, eines Pfeilers oder eines Pilasters.
Kassettendecke: (frz. cassetto = Kästchen) flache oder gewölbte Decke, die an ihrer Unterseite in regelmäßiger Anordnung kastenförmige Vertiefungen aufweist.
Knagge: kleines Holzstück, das als Verstärkung zwischen Pfosten und Schwelle des Fachwerks eingefügt ist.
Kolonnade: (frz. colonne = Säule) Säulenreihe mit waagerechtem Gebälk.
Kolossalordnung: (griech. kolossos = Riesenbildsäule) Säulen oder Pilaster, die mehrere, meist zwei Stockwerke zusammenfassen und diese optisch verbinden.
Konkav: nach innen gewölbt.
Konvex: nach außen gewölbt.
Korinthische Säulenordnung: Säulen ähnlich der ionischen Ordnung, jedoch schlanker und sich durch ein aus Akanthusblättern gebildetes Kapitell unterscheiden.
Kranzgesims: oberster waagerechter hervortretender Abschluss eines Baukörpers.
Kreuzstockfenster: Fenster mit Fensterkreuz, bei denen die beiden oberen Fenster meist etwas kleiner als die unteren Fenster sind.
Kuppel: Gewölbe- und Dachform auf rundem, quadratischem oder vieleckigem Grundriss in der Form eines Kugelsegments.
Langhaus: langer Hauptteil einer Kirche zwischen Fassade und Querhaus bzw. Chor.
Lateinisches Kreuz: Kreuz mit langem Vertikal- und kurzem Querbalken – vorherrschende Grundrissform des mittelalterlichen Kirchenbaus.
Laterne: (lat. lanterna = Lampe) runder, quadratischer oder polygonaler durchbrochener, lichteinlassender turmartiger Aufsatz über einer Decken-/Gewölbeöffnung.
Maßwerk: filigranes Bauornament aus geometrischen Grundformen der Gotik, ge-

arbeitet vor allem aus Kreis, Pass oder Blatt und an Fenstern, Balustraden und geöffneten Wänden eingesetzt.
Medici: einflussreiche Familiendynastie, die zwischen dem 15. und 18. Jahrhundert die Geschicke der Stadt Florenz lenkte und ihren Reichtum im Textilhandel und Bankwesen erwirtschaftete.
Münster: (lat. monasterium = Klosterkirche) in Süddeutschland die Bezeichnung für eine Bischofskirche.
Nischen: flache Einbuchtung bzw. Vertiefung in einer Wand oder Mauer.
Obelisk: (griech. kleiner Spieß) quadratischer, nach oben leicht verjüngender Steinpfeiler, der in einer pyramidalen Spitze endet.
Pass: achsensymmetrische Verzierungen des gotischen Maßwerks in Form von drei, vier und mehreren Kreisbögen.
Personifikation: künstlerische Darstellung von Abstraktem in Gestalt einer Person.
Pfeiler: (lat. pila) senkrechte Stütze mit rechteckigem, vieleckigem oder kreisrundem Querschnitt, welche die Lasten der darüber liegenden Bauteile aufnimmt.
Pilaster: der Wand vorgelagerter, in Fuß, Schaft und Kapitell gegliederter Pfeiler.
Portal: architektonisch betonter und künstlerisch gestalteter Eingang.
Portikus: (lat. Halle) von Säulen oder Pfeilern getragene offene Vorhalle an der Haupteingangsseite eines Gebäudes, häufig mit Dreiecksgiebel.
Profanbau: alle Gebäude nichtreligiösen Charakters im Gegensatz zum Sakralbau.
Querhaus: ein- oder mehrschiffiger Bauteil einer Kirche, der Langhaus und Chor rechtwinklig kreuzt.
Risalit: vorspringender Gebäudeteil, der als Mittel-, Seiten- oder Eckrisalit eine Fassade belebt und betont.
Rundbogen: Bogen mit halbkreisförmiger Wölbung.
Säule: senkrechtes Stützglied mit kreisrundem Querschnitt, meist gegliedert in Basis, Schaft und Kapitell, das sich im Unterschied zum Rundpfeiler nach oben verjüngt.
Sakralbau: religiösen Zwecken dienendes Bauwerk.
Salier: Angehörige eines deutschen Kaisergeschlechtes.
Schubkraft: diagonal wirkende Kraft bei Gewölben, die durch Strebepfeiler und -bögen aufgefangen wird.
Schwelle: im Fachwerk das untere Querholz eines Stockwerks.
Segmentgiebel: Giebel mit segmentförmigem (Teil eines Kreises oder Ovals) Abschluss.
Seitenschiff: Raumteile im Innern einer Kirche, die parallel zum Hauptschiff verlaufen.
Skelettbauweise: Bauweise, bei der Stützen in der Art eines Gerippes den Bau tragen und die Zwischenräume mit nicht tragenden Wänden ausgefüllt werden.
Spitzbogen: aus zwei Kreisen konstruierter Bogen mit Spitze.
Ständer: im Fachwerk die senkrechten Pfosten auf der Schwelle.

Strebe: schräges Bauglied im Fachwerk, das die Pfosten diagonal verspannt.
Strebepfeiler: Mauervorsprünge an der Außenwand der Seitenschiffe gotischer Kathedralen, die den Gewölbeschub und die Dachlast ableiten.
Strebewerk: Gesamtheit der aus Bogen und Pfeilern bestehenden Konstruktion, die bei gewölbten Bauten die vom Gewölbe und Dach aus wirkenden Kräfte ableitet und auf die Fundamente überträgt.
Theatiner: (lat. Ordo Clericorum Regularium) ein 1524 gegründeter römisch-katholischer Männerorden.
Tonnengewölbe: Gewölbe mit halbkreisförmigem Querschnitt.
Toskanische Säulenordnung: römische Abwandlung der dorischen Säulenordnung mit Basis und meist unkannelierten (unausgekerbten) Schäften.
Treppenwange: seitliche Begrenzung einer Treppe.
Triumphbogen: freistehender Torbau mit einem oder drei Durchgängen in der römischen Architektur.
Tuff: poröser gelblicher oder grauer Baustein aus vulkanischer Asche.
„Urbi et Orbi": Der Stadt und dem Erdkreis: apostolischer Segen des Papstes, den dieser in besonders feierlicher Form zu Ostern oder Weihnachten spendet.
Volute: (lat. volutum = das Gerollte) schneckenförmig/spiralig eingerolltes Bauglied am Kapitell ionischer Säulen oder als Ornament/Bauteil in Renaissance und Barock.
Vorhangbogenfenster: Bezeichnung für eine Fensterform, deren nach oben abschließender Bogen nach unten durchhängt.
Würfelkapitell: würfelförmiger Säulenabschluss.
Zwerchgiebel: (zwerch = quer) Ein geschosshohes Dachhäuschen, bei dem die Hauswand direkt in den Giebel übergeht.

Verzeichnis der Stile:

Barock: der von 1590 bis 1750 europaweit vorherrschende Stil, der sich durch Bewegtheit und Pathos auszeichnet.
Bauhaus: staatliche „Hochschule für Bau und Gestaltung" – 1919 von Walter Gropius in Weimar gegründet und 1925 nach Dessau verlegt. Ziel war die Wiederherstellung der Einheit von Kunst und Handwerk wie auch das Zusammenwirken von Kunst und Industrie. Dabei sollte die Architektur die führende Rolle unter allen Künsten einnehmen. Funktionalität, Gradlinigkeit und Dekorlosigkeit prägen unter anderem die Bauhausarchitektur.
Brutalismus: Strömung, bei der die Gebäude aus Sichtbeton (béton brut) errichtet werden und bei denen oft auch die Installationen sichtbar sind. Um 1950 von dem schweizer-französischen Architekten Le Corbusier eingeführt.

Gotik: In der 2. Hälfte des 12. Jahrhunderts von Nordfrankreich über Europa sich verbreitender Bau- und Kunststil, der sich unter anderem durch Ornamentreichtum, Strebewerk und Spitzbogen von der Romanik abgrenzt.
Historismus: Rückgriff auf Stile vorausgegangener Zeiten im 19. Jahrhundert zwischen Klassizismus und Jugendstil.
International Style: funktionsgerechte Architektur des 20. Jahrhunderts, die auf jede Anspielung an historische Stile sowie Ornamente, Profilierungen und symmetrische Anordnung verzichtet. Bevorzugt werden kubische Formen mit großen Fensterfronten.
Jugendstil: Stilrichtung, die durch dekorativ geschwungene Linien und stilisierte pflanzliche oder abstrakte Ornamente gekennzeichnet ist.
Klassizismus: Stilepoche am Ende des 18. und zu Beginn des 19. Jahrhunderts, die in erster Linie die griechische Klassik zu erneuern versuchte.
Manierismus: (ital. manierismo = Künstelei) Stilepoche zwischen Renaissance und Barock (etwa 1525–1620), die sich durch eine Auflösung und Verzerrung der Formen der Renaissance, durch groteske Ornamentik, willkürliche Übertreibung und überlange Proportionen auszeichnet.
Neobarock: Wiederaufnahme von Bau- und Möbelformen des Barocks im letzten Drittel des 19. Jahrhunderts.
Neorenaissance: Wiederaufnahme von Bau- und Möbelformen vor allem der italienischen Hochrenaissance in der zweiten Hälfte des 19. Jahrhunderts.
Neugotik: (auch Neogotik) der Gotik nachempfundene Baugestaltung, die in England um 1720 begann und sich bis zum Ende des 19. Jahrhundert in ganz Europa verbreitete.
Plastischer Stil: neben dem sachlichen International Style traten gleichzeitig Tendenzen auf, die plastische und bewegte Gestaltung der Bauten in der Innen- wie Außenform anstrebten. Diese wurden in erster Linie in Beton ausgeführt.
Renaissance: (frz./ital. rinascitá = Wiedergeburt) Der Kunsthistoriograf Giorgio Vasari meinte damit um 1550 die Wiedergeburt der antiken Schönheit nach der für ihn geltenden Barbarei des Mittelalters. Neben den aus der Antike entnommenen Vorbildern strahlten die Objekte Ruhe und Ausgewogenheit aus. Unterteilt in Früh-, Hoch- und Spätrenaissance herrscht die Stilepoche europaweit vom Anfang des 15. bis zum Ende des 16. Jahrhunderts vor.
Romanik: Epochenbezeichnung für Bau- und Kunststil der Zeit von ca. 950–1200 n. Chr., bei der viele Formelemente wie Rundbogen, Säulen und Arkaden von antiken römischen Bauwerken übernommen wurden. Romanisch bedeutet so viel wie „nach der Art der Römer".

I. MITTELALTER
Das Kloster Maria Laach, 1093–1216, vier Kilometer nördlich von Mendig in der Eifel gelegen.
Das Freiburger Münster, 1200–1513, Freiburg im Breisgau
Die Burg Eltz, erbaut ab 1150, Seitental der Mosel
Das Spitzhäuschen, 1416, Bernkastel-Kues, Mittelmosel
Das Krantor, 1442–1444, Danzig

II. RENAISSANCE
Der Palazzo Medici-Riccardi, Michelozzo di Bartolomeo, 1444–1459, Florenz
Die Kirche Sant' Andrea, Leon Battista Alberti, 1472–1494, Mantua
Das Schloss Chambord, 1519 – um 1540, Leonardo da Vinci und Domenico da Cortona, Loire, etwa 15 Kilometer östlich von Blois
Das Rathaus in Wittenberg, Bastian Krüger, 1521–1541, Wittenberg
Die Villa La Rotonda, Andrea Palladio, ab 1566, Vicenza

III. BAROCK
Der Petersplatz, Gian Lorenzo Bernini, 1656–1667, Rom, Vatikan
Die Kirche St. Kajetan und Adelheid (gen. Theatinerkirche), Agostino Barelli, Enrico Zuccalli, François de Cuvilliés, 1663–1767, München, Odeonsplatz
Das Schloss Versailles, Louis Le Vau und Jules Hardouin Mansart, 1669–1688, Versailles, nahe Paris
Universität Breslau – Mathematischer Turm, Christoph Tausch, ab 1728, Breslau
Das Buddenbroockhaus, 1758, Lübeck, Mengstraße 4

IV. 19. JAHRHUNDERT
Das Schauspielhaus, Karl Friedrich Schinkel, 1818–1821, Berlin, Gendarmenmarkt
Die Grands Boulevards, Georges-Eugène Baron Haussmann, 1853–1871, Paris
Die Basilika Sacré-Cœur, Paul Abadie der Jüngere, 1875–1914, Montmartre, Paris
Die Hamburger Speicherstadt, Franz Andreas Meyer, Christian Nehls, Carl Johann Christian Zimmermann, 1883–1927, Hamburg
Der Dresdner Hauptbahnhof, Ernst Giese, Paul Weidner, Arwed Rossbach, 1892–1898, Dresden

V. KLASSISCHE MODERNE
Casa Batlló, Antoni Gaudí, 1904–1906, Barcelona, Passeig de Gràcia 43, Stadtteil Eixample
Das Bauhausgebäude Dessau, Walter Gropius, 1925–1926, Dessau
Die katholische Wallfahrtskirche Chapelle Notre-Dame-du-Haut de Ronchamp, Le Corbusier, 1950–1955, Frankreich, Gemeinde Ronchamp, nahe Belfort
Die Berliner Philharmonie, Hans Scharoun, 1960–1981, Berlin, Kulturforum nahe Potsdamer Platz
IBM Tower, Ludwig Mies van der Rohe, 1972, Chicago, 330 North Wabash

BILDNACHWEIS

A. Savin, WikiCommons 26; Aerial-motion / Shutterstock 32; akg-images / Bildarchiv Monheim 40; akg-images / De Agostini Picture Lib. / A. Baguzzi 22; akg-images / Schütze / Rodemann 28; Arsenie Krasnevsky / Shutterstock 56; Beboy / Adobe Stock 48; Claudio Divizia / Adobe Stock 58; ewg3D / iStock by Getty Images 38; gornostaj / Adobe Stock 44; Heritage Images / Alan John Ainsworth / akg-images 2; Jennifer Wettig 12; Karl-Heinz Raach 10; © Kim Young Tae / Bridgeman Images 20; M. Peerenboom 8; Mattoff / Adobe Stock 50; Milos084 / Shutterstock 24; Pascale Gueret / Adobe Stock 46; picture alliance / Arco Images GmbH 14; picture alliance/ Bildagentur-online 62; Pyty Czech / iStock by Getty Images 16; Radharc Images / Alamy Stock Foto 64; Rostislav Ageev / Adobe Stock 34; Vladislav Zolotov / iStock by Getty Images 36; Wallhere 52; Wladyslaw 60

IMPRESSUM

Bibliografische Informationen der Deutschen Nationalbibliothek.
Die Deutsche Nationalbibliothek verzeichnet diese Publikation in der Deutschen Nationalbibliografie, detaillierte bibliografische Daten sind im Internet über http://www.dnb.ddb.de abrufbar.

© 2020 by Chr. Belser Gesellschaft für Verlagsgeschäfte GmbH & Co. KG, Stuttgart.
Alle Rechte vorbehalten.

Idee, Konzept, Redaktion: Lektoratsbüro Hille & Schäfer, Freiburg
Bildredaktion: Corinna Becker
Gestaltung: Johanna Urban, Freiburg
Reproduktionen: Digital Data Service Lenhard, Stuttgart
Gesamtherstellung: Westermann Druck, Zwickau

ISBN 978-3-7630-2843-6

Abbildung Umschlag und Seite 2:
Bauhausgebäude Dessau, Walter Gropius, 1925–1926, Dessau,
Heritage Images / Alan John Ainsworth / akg-images